INHALTSVERZEICHNIS

APFEL- GUGELHUPF

2	mittelgroße Äpfel	1 Prise	Salz
1 TL	Zitronensaft	3 TL	Backpulver
3	Eier	1 Msp.	Nelken
180 g	Zucker	1 Msp.	Zimtpulver
2 MB	Speiseöl	3-4 EL	Milch
1 Pck.	Zitronenzucker	3 EL	Kakaopulver

1 Gugelhupfform einfetten und den Backofen auf 175 °C vorheizen. Äpfel schälen, entkernen und in kleine Stücke schneiden. Sofort mit Zitronensaft beträufeln.

2 Eier, Zucker, Öl, Zitronenzucker, Nelkenpulver und Zimt, Salz, Backpulver 2 Min./Stufe 5 mischen. Teig teilen und zur einen Hälfte 3 EL Kakaopulver in 3-4 EL Milch verrührt geben. Gut mischen.

3 Erst die 1.Teig-Hälfte (hell) in die Form geben. Äpfel darauf verteilen, die 2. Teighälfte (dunkel) draufgeben und 40 Min. backen.

SCHNELLE APFELTORTE

120 g	weiche Butter	5	mittelgroße Äpfel
110 g	Zucker	3 EL	Mandelblättchen
2	Eier	20 g	Aprikosenlikör
1 Prise	Salz	4 EL	Aprikosenmarmelade
130 g	Mehl		
1 Pck.	Karamellpuddingpulver		
½ TL	Zimt, gemahlen		
1 TL	Backpulver		

1 Springform fetten und ausbröseln, Backofen auf 200 °C vorheizen. Butter, Zucker, Eier, Salz, Mehl, Backpulver, Puddingpulver und Zimt im Mixtopf 2 Min./Stufe 5 rühren. Teig in der Form glatt streichen.

2 Äpfel schälen, vierteln und entkernen, an der Außenseite kreuz und quer einschneiden, auf den Teig setzen und mit den Mandelstiften bestreuen. Kuchen 40 Min. backen. Aprikosenmarmelade mit Aprikosenlikör erhitzen und den Kuchen damit bestreichen.

APFELMANDELKUCHEN MIT RUM

1 Becher	Schlagsahne (der leere Becher davon dient als Bechermaß für die anderen Zutaten)		2-3	Äpfel, geschält und entkernt
2 Becher	Zucker		1 Pck.	Vanillezucker
2 Becher	Mehl		1 TL	Zimtpulver
½ Pck.	Backpulver		125 g	Butter
etwas	Rum		2-3 EL	Milch
			100 g	Mandelblättchen

1 Backblech mit Backpapier auslegen, Backofen auf 175 °C vorheizen. 1 Becher Zucker, Mehl und Backpulver im Mixtopf 2 Min./Stufe 5-6 mischen. Teig auf das Blech streichen. 10-15 Min. backen. Äpfel bei Stufe 5 für 5 Sek. grob zerkleinern. Aus dem Topf nehmen und sofort mit Rum beträufeln.

2 Vanillezucker und Zimtpulver untermischen. Butter in einem extra Topf schmelzen. Milch und 1 Becher Zucker zugeben und unter Rühren aufkochen. Mandelblättchen unterrühren. Mandelmasse mit den Äpfeln mischen und alles auf dem vorgebackenen Kuchen verteilen. Weitere 20-25 Min. backen bis die Mandeln leicht braun werden.

GERIEBENER APFELKUCHEN

800 g	Äpfel geschält, entkernt und gerieben	1	Zitronenzucker
etwas	Zitronensaft	100 g	Butter
130 g	Zucker	70 g	Mandeln, gemahlen
200 g	Mehl	½ TL	Zimt, gemahlen
1 Prise	Salz		
7	Eier		

1 Springform fetten und ausbröseln. Äpfel nach dem Reiben sofort mit Zitronensaft beträufeln. 70 g Zucker, Mehl, Salz, 1 Ei und Butter im Mixtopf 2 Min./Knetstufe verarbeiten.

2 6 Eier trennen. Eiweiß im Mixtopf mit dem Rührbesen steif schlagen. Umfüllen. Teig in die Form legen und einen Rand hochziehen. Äpfel auf dem Teig verteilen. Zu einer Kugel formen. 30 Min. kühlen. Backofen auf 175 °C vorheizen.

3 Eigelbe mit übrigem Zucker und Zitronenzucker 1 Min./Stufe 5 schlagen. Mandeln, Zimtpulver und Eischnee im Linkslauf/Stufe 1 unterheben. Masse über die Äpfel geben. 40 Min. backen.

VERKEHRTER ANANASKUCHEN

30 g	Butter	190 g	Zucker
100 g	brauner Zucker	1 Pck.	Vanillezucker
6	Ananasscheiben (Dose), gut abgetropft	250 g	Mehl
		1 Pck.	Backpulver
6	Cocktailkirschen	etwas	Puderzucker/Wasser-
6	Eier		Guss
120 g	Butter	etwas	Schokostreusel

1 Backofen auf 175 °C vorheizen. Butter schmelzen und damit eine Springform einfetten. Mit braunem Zucker gleichmäßig ausstreuen. Die Ananasscheiben in der Springform verteilen. Cocktailkirschen in die Ananasscheiben (Loch in der Mitte) legen.

2 Eier trennen. Eiweiß im Mixtopf mit dem Rührbesen steif schlagen. Umfüllen. Butter im Mixtopf bei 60 °C auf Stufe 1 schmelzen. Eigelbe, Zucker und Vanillezucker zugeben und 2 Min./Stufe 6 schaumig schlagen. Mehl und Backpulver dazu, 2 Min./Stufe 5 verrühren. Eischnee mit dem Spatel auf Stufe 1 kurz unterheben.

3 Teig auf den Ananasscheiben verteilen und 60 Min. backen. Nach dem Backen auf ein Kuchengitter stürzen. Nach dem Auskühlen mit Puderzucker/Wasser-Guss bestreichen und mit Schokostreuseln verzieren.

GEBACKENER SCHMANDKUCHEN

190 g	Mehl	1	Vanillepuddingpulver
130 g	weiche Butter		Zucker
70 g	Zucker	2	Dosen Mandarin-
1 TL	Backpulver		Orangen, abgetropft,
1	Ei	¼ l	aufgefangener Saft
2 EL	Milch	1	Tortenguss
½ l	Milch		

1 Springform fetten und ausbröseln. Mehl, Butter, Zucker, Backpulver, Ei und Milch im Mixtopf 2 Min./Knetstufe mischen. Teig 30 Min. kühlen. Backofen auf 175 °C vorheizen. Milch und Puddingpulver mit dem in der Vorschrift angegebenen Zucker im Mixtopf mit dem Rührbesen zu Pudding kochen.

2 Topf aus dem Gerät nehmen. Teig mit Rand in die Springform drücken. Pudding einfüllen. Obst auf den Pudding geben. Kuchen 60 Min. backen. Mandarinensaft und Tortenguss zu Guss rühren und den erkalteten Kuchen damit überziehen.

GRIESSKUCHEN

4	Eier	240 g	Zucker
200 g	Mehl	1 Pck.	Vanillezucker
80 g	flüssige Butter	1 Becher	Saure Sahne
2 EL	saure Sahne	etwas	Zimt
1 TL	Backpulver		
1 l	Milch		
75 g	Grieß		

1 Backblech mit Backpapier belegen. Eier trennen. Eiweiß mit dem Rührbesen im Mixtopf steif schlagen. Umfüllen. Mehl, Butter, 40 g Zucker, Saure Sahne und Backpulver im Mixtopf 2 Min./Stufe 5 rühren. Auf das Backblech streichen. Backofen auf 160 °C vorheizen. Milch und Grieß im Mixtopf mit dem Rührbesen zu Grießbrei kochen.

2 Topf aus dem Gerät nehmen. Erkalten lassen. Topf wieder ins Gerät stellen. Übrigen Zucker, Eigelbe, Vanillezucker, und Saure Sahne 2 Min./ Stufe 3-4 mixen. Eischnee mit dem Spatel Stufe 1 unterheben. Masse auf den Teig streichen.50 Min. backen. Nach dem Backen noch heiß mit Zimt bestäuben.

KIRSCHEN-SCHMANDKUCHEN

130 g	Butter	1 Pck.	Vanille-Puddingpulver
180 g	Zucker	2 Becher	Schmand
3	Eier	2 EL	Speisestärke
250 g	Mehl	1 Pck.	Vanillezucker
1 TL	Backpulver		
1 Glas	Sauerkirschen		

1 Springform vorbereiten. Butter, 120 g Zucker, 1 Ei, Mehl und Backpulver im Mixtopf 1 Min./Knetstufe verarbeiten. Mürbteig 30 Min. kühlen.

2 Sauerkirschen abtropfen lassen. Saft auffangen und mit dem Puddingpulver zu Pudding kochen. Backofen auf 180 °C vorheizen. Pudding abkühlen, Kirschen dazu. Masse auf den Teig geben. 25 Min. backen.

3 2 Eier trennen. Eiweiß im Mixtopf mit dem Rührbesen steif schlagen. Umfüllen. Schmand, Eigelbe, restlichen Zucker, Speisestärke, Vanillezucker im Mixtopf 1 Min./Stufe 6-7 mischen. Eischnee mit dem Spatel auf Stufe 1 unterheben. Sahnemasse auf den Kuchen streichen und weitere 30 Min. backen.

SOMMERKUCHEN

1 Glas	Schattenmorellen, gut abgetropft	100 g	Weizenmehl
100 g	weiche Butter	2 EL	Backpulver
180 g	Zucker	1 TL	Zimt
5	Eier	30 g	Mandeln, gemahlen
50 g	Vollkornmehl	1 EL	Kokosflocken
		150 g	Saure Sahne

1 Springform fetten und ausbröseln. Backofen auf 180 °C vorheizen. Butter, 100 g Zucker, 2 Eier, beide Mehle und Backpulver im Mixtopf 2 Min./Stufe 6 verrühren. In der Form 25 Min. vorbacken. Schattenmorellen auf dem Boden verteilen. 3 Eier trennen. Eiweiß im Mixtopf mit dem Rührbesen steif schlagen.

2 Umfüllen. 80 g Zucker, Eigelbe, Zimt, Mandeln, Kokosflocken und Saure Sahne im Mixtopf 1 Min./Stufe 6 rühren. Eischnee zugeben und auf Stufe 1 mit dem Spatel unterheben. Masse über die Kirschen gießen. Kuchen 30 Min. bei 180 °C backen.

Giotto-Torte

1	hoher Bisquitboden
3 Becher	Sahne
3 Pck.	Sahnesteif
3 Pck.	Vanillezucker
4	Stangen Giotto
100 g	Haselnüsse, gehackten

1 1 Kuchenplatte und 1 Tortenring bereithalten. Bisquitboden (fertig gekauft), 2 x durchschneiden. Sahne im Mixtopf in 2 Etappen mit eingesetztem Rührbesen steifschlagen, dabei Sahnesteif und Vanillezucker durch die Deckelöffnung einrieseln lassen. Aus dem Topf nehmen und in eine Schüssel geben. Kugeln von 3 Stangen Giotto im Mixtopf 2 Min./Stufe 5 mixen, dann kurz auf Stufe 8 pürieren.

2 Masse mit einem Schneebesen unter die Sahne heben und auf dem 1. Boden die Hälfte verteilen. Den 2. Boden auflegen und mit dem Rest die Torte garnieren. Zuletzt mit halbierten Giotto-Kugeln von 1 Stange garnieren. Rand mit Haselnüssen bestreuen. Die Torte ist schon fertig. Bis zum Verzehr kühl stellen.

Walnuss-Kuchen

6	Eier	1 EL	Rum
200 g	Zucker	2 TL	lösliches Kaffeepulver
250 g	weiche Butter	200 g	Walnusskerne, gemahlen
100 g	Mehl	100 g	Edelbitterschokolade,
1 Pck.	Backpulver		grob gehackt
1 Pck.	Citroback	1 Pck.	Schokoglasur

1 Kastenform fetten und ausbröseln. Eier trennen. Eiweiß im Mixtopf mit dem Rührbesen und 50 g Zucker sehr steif schlagen. Umfüllen. Butter, 150 g Zucker und die Eigelbe im Mixtopf 1 Min./Stufe 6 schlagen. Mehl, Backpulver und Citroback zugeben. Backofen auf 200 °C vorheizen.

2 Rum mit Kaffeepulver verrühren und zum Teig geben. Walnüsse dazu. Stufe 5 für 3 Min. rühren. Eischnee mit dem Spatel auf Stufe 1 unterheben. Teig in die Form geben und Schokolade darauf verteilen. Im Backofen 10 Min. backen. Temperatur auf 180 °C reduzieren. Noch 45 Min. backen. Abgekühlten Kuchen mit Schokoglasur überziehen.

EINFACHER BOUNTY-KUCHEN VARIANTE I

250 g	weiche Butter	½ Pck.	Backpulver
100 g	Zucker	12	Bounty-Riegel
250 g	Mehl	etwas	Puderzucker
4	Eier		

1 Kastenform fetten und ausbröseln. Backofen auf 200 °C vorheizen. Butter, Zucker, Mehl, Eier, ½ Pck. Backpulver im Mixtopf 3 Min./Stufe 6 rühren.

2 12 Bounty-Riegel mit dem Messer zerkleinern, mit dem Spatel durch die Deckelöffnung in den Mixtopf geben und auf Stufe 1 kurz unterheben.

3 In die Form geben und ca. 60 Min. backen. Vor dem Servieren mit Puderzucker bestäuben.

GUGELHUPF

250 g	Butter	1 TL	Backpulver
250 g	Zucker	1 Becher	Sahne
1 Pck.	Vanillezucker	120 g	Nutella
4	Eier	4 EL	Brombeerlikör
1 Fl.	Rumaroma	Mark	von ½ Vanilleschote
1 Prise	Salz	etwas	Puderzucker
500 g	Mehl		

1 Butter mit Zucker und Vanillezucker im Mixtopf 3 Min./ Stufe 6 rühren. Durch die Deckelöffnung nach und nach 4 Eier zugeben, dabei weiter rühren. Rumaroma und Salz dazu. 1 Min./Stufe 6 rühren. 500 g Mehl, Backpulver und Sahne dazu. 3 Min./Stufe 5 mischen. Backofen auf 180 °C vorheizen.

2 2/3 des Teiges in die Form füllen. Restl. Teig mit Nutella, Brombeerlikör, dem Vanillemark mischen. Dunklen Teig auf den hellen Teig streichen und mit einer Gabel beide Teige vorsichtig sprialförmig durchziehen. Ca. 60 Min. backen. Nach dem Erkalten mit Puderzucker bestreuen.

ROTWEINTORTE

100 g	Vollmilchschokolade, grob gehackt		1 TL	Zimt
200 g	Butter		2 EL	Kakao
280 g	Zucker		1/8 l	Rotwein +
250 g	Mehl		¾ l	Rotwein
7	Eier		1 EL	Speisestärke,
2 Pck.	Vanillezucker		2 Pck.	Tortenguss, rot
1 Pck.	Backpulver		60 g	Zucker

1 Springform fetten und ausbröseln. Tortenring bereit legen Backofen auf 185 °C heizen. Butter, 220 g Zucker, Mehl, 4 Eier, Vanillezucker, Backpulver, Zimt, Kakao im Mixtopf 3 Min./Stufe 6 mischen. Schokolade und 1/8 l Rotwein 10 Sek./Stufe1 unterheben. Teig sofort in der Springform 45 Min. backen. Auskühlen.

2 ¼ l Rotwein, 3 Eier, Speisestärke, restlichen Zucker und Vanillezucker 4 Min./70 °C/Stufe 3 rühren. Um den Tortenboden den Tortenring legen. Creme einfüllen. Abkühlen. Wenn die Masse kalt ist, aus 60 g Zucker, ½ l Rotwein und Tortengusspulver einen Guss bereiten und über die Torte geben.

BUTTERKUCHEN

200 g	Milch	70 g	Mandelblättchen
110 g	Zucker		
1 Würfel	Hefe		
1 Pck.	Vanillezucker		
400 g	Mehl		
1 TL	Salz		
50 g	weiche Butter		
120 g	Butterflöckchen		

1 Backblech mit Papier auslegen. Milch, 40 g Zucker, Hefe,
Vanillezucker im Mixtopf 5 Min./37 °C/
Stufe 3 verrühren. Mehl, Salz und
Butter zugeben. 3 Min./Knetstufe Teig
im Mixtopf ohne Deckel, jedoch mit
einem Tuch abgedeckt 30 Min. gehen
lassen. Deckel wieder drauf und Teig
2 Min./Knetstufe bearbeiten. Auf dem
Blech ausrollen und abgedeckt
30 Min. gehen lassen.

2 Backofen auf 150 °C vorheizen. In den Teig mit einem
Kochlöffel kleine Vertiefungen drücken. Über den ganzen Boden in die
Vertiefungen Butterflöckchen, übrigen
Zucker und Mandelblättchen verteilen. 20-25 Min. backen.

SCHNELLE MANDELTORTE

30	Mandeln	180 g	Mehl
100 g	weiche Butter	2 TL	Backpulver
170 g	Zucker		
3	Eier		
3 EL	Mandellikör		

1 Springform fetten und ausbröseln. Backofen auf 180 °C vorheizen. Mandeln in kochendes Wasser geben, absieben, kalt abbrausen, aus den dunklen Häutchen drücken.

2 Butter, Zucker und Eier im Mixtopf 3 Min./Stufe 6 schaumig schlagen. Mandellikör, Mehl, Backpulver zugeben und 2 Min./Stufe 6-7 schlagen. Teig in der Form glatt streichen. Mandeln darauf verteilen und ca. 40 Min. backen.

MARMOR-NUSS-NOUGAT-KUCHEN

250 g	Butter		500 g	Mehl
230 g	Zucker		¼ l	Milch
5	Eier		200 g	Nutella
1 Prise	Salz		1 EL	Orangenlikör
1 Pck.	Backpulver		etwas	Puderzucker

1 Gugelhupfform fetten und aus- bröseln. Backofen auf 175°C vorheizen. Butter und Zucker im Mix- topf 1 Min./Stufe 6 schlagen. Durch die Deckelöffnung nach und nach Eier und Salz zugeben und dabei weiter- rühren. Backpulver, Mehl, Milch zuge- ben und 3 Min./Stufe 6 rühren. Teig in 2 Hälften teilen.

2 Unter die 1. Teighälfte im Mix- topf Nutella rühren. Unter die 2. Teighälfte Orangenlikör rühren. Hel- len Teig erst in die Form füllen, dunk- len Teig darüber geben. Mit einer Gabel spiralförmig vorsichtig mischen. 60 Min. backen. Kuchen etwas ab- kühlen lassen. Dann auf eine Platte stürzen. Ausgekühlt mit Puderzucker bestäuben.

NUSSKUCHEN II

7	Eier		2 TL	Backpulver
300 g	Zucker			
1 Pck.	Vanillezucker			
2 EL	Semmelbrösel			
400 g	Nüsse, gemahlen			
2 EL	grobe Haferflocken			

1 Kastenform fetten und ausbröseln. Backofen auf 175 °C vorheizen. Eier, Zucker und Vanillezucker im Mixtopf 2 Min./Stufe 6 rühren.

2 Semmelbrösel, Nüsse, Haferflocken und Backpulver dazu 2 Min./Stufe 6 rühren. Teig in die Form füllen und 60 Min. backen.

FAULENZERKUCHEN

1 kg	Quark, 20 %	1 Pck.	Vanillepuddingpulver
125 g	Zucker	1 Pck.	Backpulver
370 g	Mehl	etwas	Saft und Schale einer
4	Eier		Bio-Zitrone
1 Pck.	Vanillezucker	130 g	Rosinen
2 EL	Grieß		

1 Springform vorbereiten und Backofen auf 185 °C vorheizen. Quark, Zucker, Mehl, Eier, Vanillezucker, Grieß, Puddingpulver, Backpulver, Zitronensaft - und Schale im Mixtopf 3 Min./Stufe 6-7 rühren.

2 Am Schluss Rosinen zugeben und 1 Min. im Linkslauf/Stufe1 unterheben. Teig in der Form 60 Min. backen.

AFRIKA - TORTE

150 g	Mehl		3-4	Bananen, geschält, in Scheiben
120 g	Butter		1 Pck.	Tortenguss, weiß
120 g	Zucker		3 Becher	Sahne
2	Eier		2 Pck.	Sahnesteif
1 Pck.	Vanillezucker		2 EL	Kabapulver
2 TL	Backpulver		etwas	Schokostreusel
2 EL	Milch			
etwas	Rum			

1 Obstkuchenform fetten und ausbröseln und Backofen auf 170 °C vorheizen. Mehl, Butter, Zucker, Eier, Vanillezucker, Backpulver und Milch im Mixtopf 2 Min./Stufe 6 rühren.

2 Teig in der Form 25 Min. backen. Nach dem Erkalten mit Rum beträufeln und mit Bananenscheiben belegen. Tortenguss herstellen und über die Bananen geben.

3 Sahne und Sahnesteif im Mixtopf in 2 Etappen mit dem Rührbesen steif schlagen. Kabapulver unterheben Masse über die Bananen streichen. Mit Schokostreuseln verzieren.

TEUFELSKUCHEN

250 g	Butter	½ l	Saure Sahne
200 g	Zucker	1 Becher	Schlagsahne
1 Pck.	Vanillezucker		
4	Eier		
250 g	Mehl		
50 g	Kakao		
1 Pck.	Backpulver		
1 TL	Natron		

1 Backblech mit Backpapier auslegen und Backofen auf 170 °C vorheizen. Butter im Mixtopf 3 Min./60°C/ Stufe 2 schmelzen. Zucker, Vanillezucker und Eier zugeben. 2 Min./Stufe 5 rühren.

2 Mehl, Kakao, Backpulver, Natron, Saure Sahne zugeben und 2 Min./Stufe 6 rühren. Teig auf das Blech streichen und ca. 45 Min. backen. Schlagsahne zubereiten (steif schlagen) und den erkalteten Kuchen damit verzieren.

STUDENTENKUCHEN

1 gr. Dose	Aprikosen	150 g	Mehl
5 Blatt	Gelatine, weiß	2 TL	Backpulver
150 g	Butter	150 g	Schokoraspel
100 g	Zucker	3 Becher	Sahne
1 Pck.	Vanillezucker	100 ml	Aprikosensaft
4	Eier		

1 Springform fetten und ausbröseln. Backofen auf 180 °C vorheizen. Aprikosen abtropfen, dabei Saft auffangen. Gelatine in kaltem Wasser einweichen.

2 Butter, Zucker, Vanillezucker, Eier, Mehl, Backpulver im Mixtopf 3 Min./ Stufe 6 rühren. Schokoraspel zugeben und auf Stufe 1 mit dem Spatel unterheben. Teig in die Form streichen. Aprikosen darauf verteilen. 50 Min. backen.

3 Sahne im Mixtopf in 2 Etappen mit dem Rührbesen steif schlagen. Umfüllen. Die in 100 ml Aprikosensaft aufgelöste Gelatine mit einem Schneebesen unter die Sahne mischen. Wenn der Kuchen kalt ist, die Masse kuppelförmig darauf verteilen und mit Schokostreuseln bestreuen.

MANDEL-VANILLEKUCHEN

4	Eier	3 Becher	Sahne
220 g	Zucker	1 Pck.	Galetta-Sahne-Pudding
1 Pck.	Vanillezucker	1	großen Tasse Milch
200 g	Mehl		
½ Pck.	Backpulver		
50 g	Mandelblättchen		

1 Springform fetten und ausbröseln Backofen auf 200 °C vorheizen. Eier, Zucker, Vanillezucker, Mehl und Backpulver im Mixtopf 3 Min./Stufe 5-6 rühren. Teig in die Form geben, mit Mandelblättchen bestreuen und 45 Min. backen.

2 Sahne im Mixtopf mit dem Rühreinsatz steif schlagen. Umfüllen. 1 Puddingpulver mit Milch zu Pudding kochen. Etwas erkalten lassen und mit einem Schneebesen unter die steife Sahne heben.

3 Den abgekühlten Kuchen 1 x durchschneiden und mit der Sahne-Puddingcreme füllen.

GLÜHWEINKUCHEN

300 g	Butter		1 Fl.	Rumaroma
230 g	Puderzucker		380 g	Mehl
6	Eier		1 ½ EL	Speisestärke
1 Pck.	Vanillezucker		1 TL	Backpulver
150 g	Zartbitterschokolade, gehackt		200 g	Puderzucker
			3 EL	Glühwein
¼ l	Glühwein		1 EL	Rum

1 Gugelhupfform fetten und aus-bröseln. Backofen auf 170 °C vorheizen. Butter, Puderzucker, Eier, Vanillezucker und Zartbitterschoko-lade, Glühwein und Rumaroma im Mixtopf 2 Min./Stufe 5-6 rühren.

2 Mehl, Speisestärke und Back-pulver zugeben. 2 Min./Stufe 6 verrühren. Teig in der Form 60 Min. backen. Form nach etwas Abkühlzeit stürzen und Kuchen auf einem Gitter abkühlen lassen. Aus Puderzucker, 3 EL Glühwein und Rum einen Guss rühren und den Kuchen damit über-ziehen.

1 kg	Mehl	3 TL	Nelkenpulver
500 g	weiche Butter	3 EL	Kakao
4	Eier	3 TL	Rum
2 TL	Backpulver	1 Tasse	Apfelsaft
2 TL	Vanillezucker	1 Port.	Puderzuckerguss
etwas	Aprikosenmarmelade		
3 TL	Zimt		

1 Backblech fetten oder mit Papier auslegen und Backofen auf 180 °C vorheizen. Mehl, Butter, Eier, Backpulver und Vanillezucker im Mixtopf 4 Min./Stufe 6 mischen. Die Hälfte des Teiges auf dem Blech verteilen. Mit Aprikosenmarmelade bestreichen.

2 Zur 2. Teighälfte Zimt, Nelkenpulver, Kakao und Rum geben. 1 Min./Stufe 6 vermischen. Dann auf die 1. Schicht streichen. Kuchen ca. 25 Min. backen. Anschließend mit Apfelsaft tränken und zugedeckt 1 Std. ziehen lassen. Am Schluss einen Puderzuckerguss darüber und den Kuchen in rechteckige Stücke schneiden.

NUTELLA-GUGELHUPF

250 g	Butter	1 TL	Backpulver
250 g	Zucker	1 Becher	Sahne
1 Pck.	Vanillezucker	120 g	Nutella
4	Eier	4 EL	Brombeerlikör
1 Fl.	Rumaroma	Mark	von ½ Vanilleschote
1 Prise	Salz	etwas	Puderzucker
500 g	Mehl		

1 Gugelhupfform fetten und ausbröseln. Butter mit Zucker und Vanillezucker im Mixtopf 3 Min./Stufe 6 rühren. Durch die Deckelöffnung nach und nach 4 Eier zugeben, dabei weiter rühren. Rumaroma und Salz dazu 1 Min./Stufe 6 rühren.

2 500 g Mehl, Backpulver und Sahne dazu.3 Min./Stufe 5 mischen. Backofen auf 180 °C vorheizen. 2/3 Teig in die Form füllen. Restl. Teig mit Nutella, Brombeerlikör, dem Vanillemark mischen.

3 Dunkeln Teig auf den hellen Teig streichen und mit einer Gabel beide Teige vorsichtig spiralförmig durchziehen. Ca. 60 Min. backen. Nach dem Erkalten mit Puderzucker bestreuen.

KÄSEKUCHEN VOM BLECH

200 g	Mehl	100 ml	Milch
160 g	Speisestärke	1 kg	Magerquark
6	Eier	1 Pr.	Salz
250 g	Zucker	Mark	aus 1 Vanilleschote
150 g	weiche Margarine	etwas	Puderzucker
1 Msp.	Backpulver		
200 g	getrocknete Aprikosen		

1 Backblech mit Papier auslegen. Mehl, 100 g Speisestärke, 2 Eier, 100 g Zucker, Margarine und Backpulver im Mixtopf 3 Min./Knetstufe verarbeiten. Teig zu einer Kugel geformt 30 Min. kühlen. Aprikosen im Mixtopf 30 Sek./Stufe 7 hacken und aus dem Topf nehmen. Backofen auf 200 °C vorheizen.

2 Teig auf dem Blech verteilen, festdrücken, dabei einen Rand hochziehen. 4 Eier trennen. Eiweiß mit dem Rührbesen im Mixtopf steif schlagen und umfüllen. Milch, Magerquark, übrigen Zucker, restliche Speisestärke, Salz, Vanillemark, und Eigelbe im Mixtopf 3 Min./Stufe 6-7 cremig rühren.

3 Aprikosen und Eischnee im Linkslauf/Stufe 1 unterheben. Masse auf dem Teig verteilen und glatt streichen. 40 Min. backen. Kuchen abgekühlt vor dem Servieren mit Puderzucker bestäuben.

200 g	flüssiger Honig	je ½ TL	Nelken und Ingwer,
100 g	Butter		beides gemahlen
100 g	brauner Zucker	50 g	getrocknete Feigen,
3	Eier		gehackt
300 g	Mehl	50 g	getrocknete Datteln,
2 TL	Backpulver		entkernt, gehackt
je 1 TL	Piment, Zimt und	5 EL	Orangenmarmelade
	Kardamom		

1 Springform fetten und ausbröseln. Backofen auf 180 °C vorheizen. Honig, Butter, Zucker, Eier im Mixtopf 3 Min./Stufe 7 glatt rühren. Mehl, Backpulver, Piment, Zimt und Kardamom sowie Nelken und Ingwer zugeben. 2 Min./ Stufe 6 mischen.

2 Feigen und Datteln zugeben und 2 Min. im Linkslauf/ Stufe 1 untermischen. Teig in der Form auf der untersten Schiene im Backofen ca. 60 Min. backen.

3 Orangenmarmelade erwärmen und den noch heißen Kuchen damit bestreichen.

Schnelle Sekttorte

1	Tortenboden, fertig gekauft
3 Dosen	Mandarinen
2 Pck.	Dessertpulver Aranca-Aprikose-oder Maracuja-Geschmack
2	Piccolo-Sekt(0,2 l)
2 Becher	Sahne

1 Biskuitboden in eine Springform geben. Mandarinen gut abtropfen lassen. Dessertpulver mit Sekt 2 Min./Stufe 7 verrühren, aus dem Topf nehmen und etwas stehen lassen.

2 Mixtopf reinigen. Sahne mit dem Rührbesen im Mixtopf steif schlagen und mit einem Schneebesen unter die Dessertcreme heben.

3 Mandarinen auf den Biskuitboden legen und Creme darauf verteilen. Über Nacht in den Kühlschrank stellen.

JOGHURT-ORANGENTORTE

1	Tortenboden, fertig gekauft	Saft	von 1 Zitrone,
12 Blatt	Gelatine, weiß	3 Becher	Vollmilchjoghurt,
1 Becher	Sahne	50 g	Zucker
1	Sahnesteif	Orangenfilets und Sahnetupfen	
¼ l	Orangensaft,		

1 Tortenboden auf eine Platte geben und mit dem Tortenring umlegen. Für die Creme Gelatine einweichen. Sahne im Mixtopf mit dem Rührbesen und Sahnesteif steif schlagen und umfüllen.

2 Orangen- und Zitronensaft, Joghurt und Zucker im Mixtopf 1 Min./Stufe 5 rühren. Aufgelöste Gelatine durch die Deckelöffnung zugeben und bei Stufe 3 einrühren.

3 Wenn die Creme zu gelieren beginnt (Mixtopf einfach in den Kühlschrank stellen), den Mixtopf wieder ins Gerät stellen und die steife Sahne mit dem Spatel/Linkslauf/Stufe 1 unterheben. Masse auf den Boden streichen. Evtl. mit Orangenfilets und Sahnetupfen garnieren.

FEIGEN-SHERRY-TORTE

1	Wiener Boden(hoch)/ fertig gekauft	2	Sahnesteif
500 g	frische Feigen	½	Granatapfel, die Kerne davon
	Cream-Sherry		
½ L	Sahne		
2 Pck.	Vanillezucker		

1 Feigen vorsichtig waschen, halbieren und 1 Std. in Cream-Sherry marinieren. Sahne im Mixtopf in 2 Etappen mit je 1 Vanilllezucker und 1 Sahnesteif mit dem Rührbesen steif schlagen.

2 16 schöne Feigenhälften und 1/3 der Sahne zum Garnieren beiseite stellen. Restliche Feigen im Linkslauf/Stufe 1 unter die Sahne heben. Biskuit 1 x durchschneiden.

3 Boden mit der Feigensahne bestreichen, mit dem 2.Boden bedecken. Torte ringsum mit der Sahne bestreichen, mit Sahnetupfern, Feigenhälften und einigen Granatapfelkernen hübsch verzieren. Bis zum Servieren kühl stellen.

APFELKUCHEN MIT SAHNEGUSS

7	mittelgroße Äpfel	3	Eier
etwas	Zitronensaft	150 g	Butter
500 g	Mehl	200 g	Saure Sahne
1 TL	Backpulver	etwas	Zimtpulver
200 g	Zucker		
2 EL	klarer Schnaps		

1 Backblech mit Papier auslegen. Äpfel schälen, entkernen und in Spalten schneiden. Sofort mit Zitronensaft beträufeln. Mehl, Backpulver, 100 g Zucker, Schnaps, 2 Eigelbe, 1 Eiweiß und Butter im Mixtopf 2 Min./ Knetstufe mischen.

2 Teig zusammengeknetet 30 Min. kühlen. Dann das Blech damit belegen. Apfelspalten darauf verteilen und mit etwas Zimtpulver bestreuen. Backofen auf 180 °C vorheizen. 2 Eiweiß im Mixtopf mit dem Rührbesen steif schlagen und umfüllen.

3 Übriges Eigelb, restlichen Zucker, Saure Sahne, 1 Msp. Zimtpulver im Mixtopf 2 Min./Stufe 6 mixen, Eischnee im Linkslauf/ Stufe 1 unterheben. Guss auf den Äpfeln verteilen und 40 Min. backen

SCHNELLE BANANENSCHNITTEN

2	Bananen, mittelgroß, geschält	4	Eier
Schale	und Saft von 1 Bio-Zitrone	330 g	Mehl
2 EL	Rum	2 TL	Backpulver
250 g	weiche Butter	1 Pck.	dunkle Schokoglasur
150 g	Zucker	70 g	Bananenchips, gehackt

1 Backblech mit Papier auslegen. Bananen in Stücken, Zitronensaft und Zitronenschalen-Abrieb und Rum im Mixtopf 1 Min./ Stufe 5 pürieren. Umfüllen.

2 Backofen auf 190°C vorheizen. Butter, Zucker, Eier, Mehl, Backpulver im Mixtopf 3 Min./Stufe 6 rühren. Den Bananenbrei dazu und bei Stufe 5 kurz rühren. (Achtung nicht zu lange rühren, sonst wird der Kuchen speckig !!)

3 Teig auf das Blech streichen und 30 Min. goldgelb backen. Kuchen zuerst in Rauten schneiden. Kuchenglasur im Mixtopf bei 50 °C schmelzen, Rauten damit verzieren und mit Bananenchips verzieren.

ROCHER-GUGELHUPF

250 g	weiche Butter	50 g	Speisestärke
200 g	Zucker	3 TL	Backpulver
1 Prise	Salz	4 EL	Schlagsahne
1 Pck.	Vanillezucker	12	Ferrero-Rocher-Kugeln
4	Eier	1	dunkle Kuchenglasur
250 g	Mehl	2 EL	Haselnüsse, gehackt

1 Gugelhupfform fetten und ausbröseln. Backofen auf 175 °C vorheizen. Butter, Zucker, Salz und Vanillezucker im Mixtopf 2 Min./Stufe 6 mischen. Eier, Mehl, Speisestärke, Backpulver sowie Schlagsahne zugeben und 1 Min./Stufe 6 rühren.

2 Ferrero-Rocher-Kugeln halbieren und 1 Min./Linkslauf/ Stufe 1 unterheben. Teig in der Form glatt streichen. 45 Min. backen. Kuchen in der Form 10 Min. ruhen lassen, dann auf ein Kuchengitter stürzen.

3 Kuchenglasur im Mixtopf/Stufe 3 bei 50 °C schmelzen und Haselnüsse untermischen. Guss über den Kuchen gießen und trocknen lassen.

BIRNENKUCHEN MIT SCHOKOSTREUSELN

220 g	Mehl		2	Eier
40 g	Kakaopulver		80 g	Zucker
50 g	Puderzucker		50 g	Speisestärke
40 g	kalte Butter		½ TL	Backpulver
	Mark von 1 Vanilleschote		6	Birnenhälften (aus der
150 g	Butter			Dose), gut abgetropft

1 Springform fetten und mit Mehl ausstauben. 120 g Mehl, Kakao, Puderzucker und Butter im Mixtopf 1 Min./Knetstufe zu Streuseln rühren. Masse zusammenknetet kühl stellen.

2 150 g Butter in einem Töpfchen schmelzen. Eier, 80 g Zucker im Mixtopf 1 Min./Stufe 6 schaumig rühren. Restliches Mehl, Speisestärke, flüssige Butter, Vanillemark und Backpulver dazu 1 Min./Stufe 6 rühren. Teig in die Form füllen und glatt streichen.

3 Backofen auf 170 °C vorheizen. Birnenhälften mit der runden Seite nach oben auf den Teig legen und leicht hineindrücken. Schokostreuselteig in nicht zu feinen Bröseln über den Birnen verteilen. Kuchen ca. 30 Min. backen und nach dem Auskühlen aus der Form lösen.

KÄSEKUCHEN "MARKE OBERLECKER"

300 g	Zucker		etwas	abgeriebene Schale von
200 g	weiche Butter			1 Bio-Zitrone
200 g	Mehl		1 EL	Mehl
1 Prise	Salz		1 EL	Speisestärke
8	Eier		50 g	flüssige Butter
500 g	Schichtkäse		etwas	Puderzucker
3 EL	Vanillezucker			

1 Springform fetten und ausbröseln. 100 g Zucker, Butter, Mehl, 1 Ei trennen. Eigelb und Salz im Mixtopf 2 Min./Knetstufe verarbeiten. Teig aus dem Topf nehmen und 1 Std. kühlen.

2 7 Eier trennen. Eiweiße und das Eiweiß vom Mürbteig mit 50 g Zucker im Mixtopf steif schlagen (Rührhilfe einsetzen !!). Umfüllen. Backofen auf 190 °C vorheizen. 2/3 des Teiges als Boden in die Springform drücken, mit einer Gabel mehrmals einstechen und ca. 20 Min. vorbacken.

3 Restlichen Teig als Rand in die Form legen. Schichtkäse, 150 g Zucker, Vanillezucker, Zitronenschale Mehl, Speisestärke, übrige Eigelbe und flüssige Butter im Mixtopf 2 Min./Stufe 6 glattrühren. Eischnee im Linkslauf/Stufe 1 unterheben. Teig in der Form 45- 50 Min. backen. Mit Puderzucker bestäuben.

AMARETTO-KIRSCHKUCHEN

1	Glas Sauerkirschen, gut abgetropft	5 EL	Amaretto (Mandellikör)
250 g	weiche Butter	250 g	Mehl
230 g	Zucker	2 TL	Backpulver
1 Pck.	Vanillezucker	150 g	Mandeln, gemahlen
4	Eier	etwas	Puderzucker
1 Prise	Salz		

1 Springform fetten und ausbröseln. Backofen auf 175 °C vorheizen. Butter, Zucker, Vanillezucker, Eier, Salz, 3 EL Likör, Mehl und Backpulver im Mixtopf 2 Min./Stufe 5 mischen. Mandeln im Linkslauf/1 Min./Stufe 1 unterheben.

2 Die Hälfte des Teiges in die Form füllen, Kirschen drauf verteilen und mit 2 EL Likör beträufeln. Restlichen Teig darüber streichen. Kuchen ca. 55-60 Min. backen und nach dem Erkalten mit Puderzucker bestäuben.

ANANAS-MARZIPAN-KUCHEN

200 g	frische Ananas, klein geschnitten	3	Eier
200 g	Marzipan-Rohmasse	300 g	Mehl
180 g	Butter	2 TL	Backpulver
170 g	Zucker	1 Pck.	Schokoguss
1 Pck.	Vanillezucker	2 EL	Mandelblättchen, geröstet

1 Kastenform fetten und ausbröseln. Backofen auf 180 °C vorheizen. Marzipan-Rohmasse, Butter, Zucker und Vanillezucker im Mixtopf 2 Min./Stufe 5 rühren. Eier trennen. Eigelbe mit Mehl und Backpulver 1 Min./Stufe 6 mischen.

2 Ananasstücke 1 Min./Linkslauf/Stufe 1 unterheben. Teig in der Form glatt streichen und ca. 55 Min. backen. Kuchen nach dem Erkalten mit Schokoguss überziehen und den Mandelblättchen bestreuen.

APFELSINENKUCHEN I

4	Eier	450 g	Weizen-Vollkornmehl
220 g	weiche Butter	1 TL	Backpulver
200 g	Zucker		
2	Apfelsinen, der Saft davon		
1 Pck.	Orangeback		

1 Kastenform vorbereiten. Backofen auf 200 °C vorheizen. Eier trennen. Eiweiß im Mixtopf mit dem Rührbesen steif schlagen. Umfüllen.

2 Butter, Zucker, Eigelbe, Apfelsinensaft, Orangeback, Mehl und Backpulver im Mixtopf 2 Min./Stufe 5-6 rühren. Eischnee mit dem Spatel 1 Min./Linkslauf/Stufe 1 unterheben. Kuchen in der Form 45 Min. backen.

APFELSINENKUCHEN II

200 g	weiche Butter	1 Pck.	Orangeback
200 g	Zucker	100 g	Puderzucker
3	Eier	1 EL	Wasser
1 Prise	Salz	1 EL	Orangenlikör
250 g	Mehl	1 EL	Orangensaft
2 TL	Backpulver	etwas	Orangenschalen-Abrieb
1	Apfelsine, der Saft davon		

1 Kastenform vorbereiten. Backofen auf 175 °C vorheizen. Butter, Zucker, Eier und Salz im Mixtopf 2 Min./Stufe 5-6 mischen. Mehl, Backpulver, Apfelsinensaft, Orangeback dazu und 1 Min./Stufe 5 rühren.

2 Teig in der Form glatt streichen. Ca. 55 Min. backen. Kuchen stürzen und auf einem Gitter erkalten lassen. Aus Puderzucker, Wasser, Likör, Orangensaft und Schalenabrieb einen Guss rühren und den kalten Kuchen damit überziehen.

GEDECKTER BIRNENKUCHEN

100 g	Zartbitter-Schokolade	1 EL	Rum
150 g	Butter	1 EL	Kakaopulver
150 g	Zucker	Je ½ TL	Zimt und Muskat
3	Eier	1 kg	Birnen, geschält,
3 TL	Backpulver		entkernt, geviertelt
125 g	Milch		
4 EL	Haferflocken		

1 Springform fetten und ausbröseln. Backofen auf 190 °C vorheizen. Schokolade im Mixtopf 10 Sek./ Stufe 8 hacken. Umfüllen.

2 Zutaten von Zucker bis einschl. Milch im Mixtopf 2 Min./ Stufe 5-6 mischen. Schokoraspel, Haferflocken, Rum, Kakao, Zimt und Muskat daz und 30 Sek./ Stufe 1 unterheben.

3 2/3 Teig in die Form füllen. Birnenviertel leicht in den Teig drücken. Übrigen Teig darüber streichen. Kuchen ca. 55-60 Min. backen.

ANANASKUCHEN

1 Dose	Ananas in Scheiben, abgetropft,	3	Eier
etwas	Saft aufgefangen	200 g	Mehl
100 g	Butter	1 TL	Backpulver
200 g	Zucker	100 g	Milch
1 Pck.	Vanillezucker	1 Pck.	Tortenguss, klar

1 Boden von der Springform mit Alufolie auslegen und diese fetten. Backofen auf 175 °C vorheizen. Ananas-Scheiben auf der Alufolie verteilen. Zucker, Butter, Vanillezucker und Eier im Mixtopf 1 Min./Stufe 6 schaumig schlagen. Mehl, Backpulver und Milch dazu. 1 Min/Stufe 5 mischen.

2 Teig auf den Ananas-Scheiben verteilen und Kuchen ca. 50 Min. backen. Kuchen etwas abkühlen lassen. Aus Ananassaft und dem Tortenguss einen Guss zubereiten. Kuchen auf eine Platte stürzen, die Folie abziehen und Kuchen mit dem Tortenguss überziehen.

Fixer Joghurt-Nuss-Kuchen

150 g	Butter	10 g	Backpulver
4	Eier	1 Pck.	Nussglasur
150 g	Zucker	2 EL	Mandelstifte
250 g	Naturjoghurt		
250 g	Mandeln, gemahlen		
100 g	Mehl		

1 Springform fetten und ausbröseln. Backofen auf 180 °C vorheizen. Butter schmelzen und abkühlen lassen. Eier und Zucker im Mixtopf 1 Min. auf Stufe 6 schaumig schlagen.

2 Joghurt, Mandeln, Mehl und Backpulver dazu. Dann 2 Min./ Stufe 5-6 mischen. Teig in der Form glatt streichen und 45 Min. backen. Kuchen mit der Glasur überziehen und mit Mandelstiften bestreuen.

DUNKLER-QUARKKUCHEN

350 g	Mehl	1 Pck.	Vanillezucker
350 g	Zucker	500 g	Speisequark, 20 %
400 g	weiche Butter	1 Pck.	Vanille-Puddingpulver
40 g	Kakaopulver		
4	Eier		
½ Pck.	Backpulver		

1 Springform fetten und ausbröseln. Backofen auf 170 °C vorheizen. Mehl, 150 g Zucker, 250 g Butter, Kakaopulver, 1 Ei und Backpulver im Mixtopf 2 Min./Knetstufe verarbeiten. Hälfte des Teiges als Boden in die Form drücken, dabei einen Rand hochziehen. Restliche Butter schmelzen und abkühlen lassen.

2 Übrigen Zucker, Vanillezucker, Quark, Puddingpulver, restliche Eier und flüssige Butter im Mixtopf 2 Min./Stufe 5 zu einer cremigen Masse rühren. Diese auf den Kuchenboden streichen und die 2. Teighälfte auf die Füllung krümeln. Kuchen ca. 55 Min. backen.

Saftiger Gugelhupf

5	Eier	100 g	Speisestärke
200 g	Zucker	1 Pck.	Backpulver
250 ml	Speiseöl	100 g	Nüsse nach Wahl,
150 g	kalter, starker Kaffee		gemahlen
100 ml	Eierlikör	1 Pck.	Schokoglasur
150 g	Mehl		

1 Gugelhupfform fetten und mit gemahlenen Nüssen ausbröseln. Backofen auf 175 °C vorheizen. Eier und Zucker 2 Min./ Stufe 6 schlagen.

2 Öl, Kaffee, Likör dazu. 20 Sek./ Stufe 4 rühren. Mehl, Speisestärke, Backpulver und Nüsse beifügen. 1 Min./ Stufe 5 mischen.

3 Teig sofort in die Form füllen und ca. 55-60 Min. backen. Kuchen nach dem Backen auf ein Gitter stürzen und mit Glasur überziehen.

EIWEISSKUCHEN

10	Eier	200 g	Schokolade, gerieben
200 g	Zucker	300 g	Nüsse nach Wahl,
1 Pck.	Vanillezucker		gemahlen
20 g	Rum	2 TL	Backpulver

1 Kastenform oder Springform fetten und ausbröseln. Backofen auf 180 °C vorheizen. Eier trennen. Eiweiß im Mixtopf mit dem Rührbesen steif schlagen, dabei Zucker und Vanillezucker einrieseln lassen.

2 Rum, Schokoladenraspel, Nüsse und Backpulver dazu. 1 Min./Linkslauf/Stufe 1 unterheben, dabei den Spatel nehmen. Teig in der Form glatt streichen und 45-50 Min. backen.

3 Wenn der Kuchen in der Springform gebacken ist, kann man ihn waagerecht durchschneiden und mit beliebiger Creme füllen. Wenn er in der Kastenform gebacken ist, serviert man ihn in Scheiben geschnitten.

KNOPPERSTORTE

1	Tortenboden, fertig gekauft	1 Pck.	Tortenguss, rot
1 Glas	Sauerkirschen, gut abgetropft	5	Knoppers
		2 Becher	Sahne
		2 Pck.	Sahnesteif

1 Sauerkirschen in einen Topf erhitzen und mit dem Tortenguss andicken. Kirschmasse auf den mit einem Tortenring umstellten Tortenboden geben. Masse erkalten lassen. Knoppers in Stücken im Mixtopf 10 Sek./Stufe 4 zerkleinern. Umfüllen.

2 Sahne mit Sahnesteif und eingesetztem Rührbesen im Mixtopf steif schlagen. Keksbrösel 1 Min./Linkslauf/Stufe 1 unterheben. Masse kuppelartige auf den Kirschbelag geben. Torte bis zum Verzehr kühlen.

DAIM-MANDEL-TORTE

1	Tortenboden, fertig gekauft	150 g	brauner Zucker
100 g	Löffelbiskuits	150 g	Daim-Schokoriegel
60 g	weiche Butter	300 g	Schlagsahne
200 g	Mandeln, gemahlen	2 Pck	Sahnesteif
1	Ei	10	Daim-Minis
		2 EL	Schokostreusel

1 Springform fetten. Daim-Riegel im Mixtopf 50 Sek./Stufe 5 grob hacken. Umfüllen. Ei trennen. Eigelb, Biskuits, Nüsse und Butter im Mixtopf 1 Min./Stufe 4 zerbröseln und rühren. Masse in der Form verteilen. Zucker darüber streuen.

2 Mixtopf reinigen. Sahne mit Sahnesteif im Mixtopf mit dem Rührbesen steif schlagen. Schokoriegelbrösel 1 Min./Linkslauf/Stufe 1 unterheben. Masse auf dem Boden verteilen. Sahnemasse darauf verteilen, glatt streichen. Mit Daim-Minis und Schokostreuseln verzieren.

CRANBERRY-KUCHEN

340 g	Cranberries, getrocknet	3	Eier
100 ml	Kirschsaft	250 g	Mehl
150 g	weiche Butter	150 g	Mandeln, grob gehackt
200 g	Zucker	2 TL	Backpulver
1 EL	Kardamom, gemahlen	etwas	Mehl
1 Prise	Salz		

1 Kastenform fetten und ausmehlen. Backofen auf 180 °C vorheizen . Cranberries in Kirschsaft mind. 1 Std. einweichen. Danach abtropfen lassen.

2 Butter, Zucker, Kardamom, Salz und Eier im Mixtopf 2 Min./Stufe 5 rühren. Mehl und Backpulver dazu und 2 Min. bei Stufe 4-5 mischen.

3 Cranberries in Mehl wenden und mit dem Mandeln 1 Min./Linkslauf/Stufe 1 unter den Teig heben. Teig in der Form glatt streichen und ca. 1 Std. backen.

OBSTKUCHEN

1 Portion	Mürbteig	1 Pck.	Vanille-Puddingpulver
200 g	Mandeln, gemahlen	700 g	Heidelbeeren, geputzt
200 g	Zucker		oder frische Beeren
2 Becher	Sahne		nach Wahl
2	Eier		

1 Springform fetten und ausbröseln. Backofen auf 180 °C vorheizen. Mürbteig in die Form drücken und einen Rand hochziehen. Mandeln und Zucker in einer Schüssel gut mischen.

2 Sahne im Mixtopf mit den Eiern und Puddingpulver 2 Min./ Stufe 6 rühren. 2/3 der Zuckernussmasse dazu und kurz auf Stufe 4 unterrühren. Beeren für 1 Min./Linkslauf/Stufe 1 mit dem Spatel unterheben.

3 Masse auf dem Mürbteigboden geben. Restliche Zuckernussmischung darüber verteilen. Anschließend für 50-60 Min. backen.

ZIMT-WALNUSSKUCHEN

100 g	weiche Butter	1 TL	Backpulver
100 g	Zucker	50 g	Walnusskerne,
2	Eier		grob gehackt
150 g	Mehl		
1 EL	Zimtpulver		

1 Springform fetten und ausbröseln. Backofen auf 175 °C vorheizen. Butter, Zucker und Eier im Mixtopf 1 Min./Stufe 7 schaumig schlagen.

2 Mehl, Zimt, Backpulver und Walnüsse zugeben und 50 Sek./Stufe 2 untermischen.

3 Teig in der Form 55 Min. backen. Stürzen und auf einem Kuchengitter auskühlen.

WAFFELRÖLLCHEN-GUGELHUPF

100 g	Zartbitterschokolade, gemahlen	500 g	Mehl
		1 Pck.	Backpulver
250 g	weiche Butter	75 g	Milch
170 g	Zucker	100 g	Waffelröllchen, halbiert
1 Pr.	Salz	5	Waffelröllchen (zur Deko)
5	Eier	1 Pck.	dunkler Schokoguss

1 Napfkuchenform fetten und mit gemahlenen Nüssen ausbröseln. Backofen auf 175 °C vorheizen. Butter, 170 g Zucker und Salz im Mixtopf 1 Min./Stufe 5 schaumig schlagen.

2 Eier zugeben und 1 Min./Stufe 6 rühren. Mehl, Backpulver und Milch für 1 Min./Stufe 5 dazugeben. Die halbierten Waffelröllchen und gemahlene Schokolade dazu. 1 Min./Linkslauf/Stufe 1 unterheben.

3 Teig in die Form geben, glatt streichen und Kuchen ca. 55-60 Min. backen. Kuchen kurz ruhen lassen, dann auf ein Kuchengitter stürzen und auskühlen. Kuchen mit Schokoguss überziehen und mit den restlichen Waffelröllchen (auch halbiert) verzieren.

PREISELBEER-GEWÜRZKUCHEN

100 g	weiche Butter		1 TL	Nelkenpulver
150 g	brauner Zucker		100 g	Milch
4	Eier		200 g	Preiselbeeren (Glas),
350 g	Mehl			gut abgetropft
1 P.	Backpulver			
2 TL	Zimtpulver			

1 Gugelhupfform fetten und aus-bröseln. Backofen auf 175 °C vorheizen. Butter, Zucker und Eier im Mixtopf 2 Min./Stufe 6 cremig schlagen. Mehl, Backpulver, Citro-back und Joghurt dazu, für 2 Min./Stufe 5 mischen.

2 Abgetropfte Preiselbeeren zum Teig geben und 1 Min./Links-lauf/Stufe 1 unterheben. Teig in der Form glatt streichen und ca. 70 Min. backen. Vor dem Verzehr auf einem Kuchengitter auskühlen lassen.

OMA'S KÄSEKUCHEN

250 g	Mehl	¼ l	Saure Sahne
130 g	kalte Butter	2 Becher	Naturjoghurt
200 g	Zucker	120 g	flüssige Butter
6	Eier	1 Pck.	Vanillezucker
½ TL	Backpulver	Saft und	Schale von 1 Bio-Zitrone
500 g	Speisequark, 20%		

1 Springform fetten und ausbröseln. Backofen auf 180 °C vorheizen. Mehl, Butter, 120 g Zucker, 1 Ei und Backpulver im Mixtopf 2 Min./Knetstufe verarbeiten. Teig in die Springform geben und einen Rand hochziehen.

2 5 Eier, Quark, Saure Sahne, Joghurt, flüssige Butter, übrigen Zucker, Zitronenschale, Zitronensaft und Vanillezucker im Mixtopf 2 Min./Stufe 5-6 verrühren.

3 Quarkmasse in die Form geben und 70 Min. backen. Nach dem Backen sofort vorsichtig auf ein Kuchengitter stürzen und auskühlen lassen.